Daudet, Alphonse

La défense de Tarascon

Conquet

1886

ALPHONSE DAUDET

LA
DÉFENSE DE TARASCON

PARIS
LIBRAIRIE L. CONQUET
5, RUE DROUOT, 5
1886

LA

DÉFENSE DE TARASCON

ÉDITION NON MISE DANS LE COMMERCE

Exemplaire offert

au Dépôt

(Longuet)

ALPHONSE DAUDET

LA DÉFENSE DE TARASCON

Seize aquarelles d'après Draner

PARIS
LIBRAIRIE L. CONQUET
5, RUE DROUOT, 5
1886

LA DÉFENSE DE TARASCON

Dieu soit loué ! J'ai enfin des nouvelles de Tarascon. Depuis cinq mois, je ne vivais plus, j'étais d'une inquiétude !... Connaissant l'exaltation de cette bonne ville et l'humeur belliqueuse de ses habitants, je me disais : « Qui sait ce qu'a fait Tarascon ?

S'est-il rué en masse sur les barbares? S'est-il laissé bombarder comme Strasbourg, mourir de faim comme Paris, brûler vif comme Châteaudun? ou bien, dans un accès de patriotisme farouche, s'est-il fait sauter comme Laon et son intrépide citadelle?... » Rien de tout cela, mes amis. Tarascon n'a pas brûlé, Tarascon n'a pas sauté. Tarascon est toujours à la même place, paisiblement assis au milieu des vignes, du bon soleil plein ses rues, du bon muscat plein ses caves, et le Rhône qui baigne cette aimable localité emporte à la mer, comme par le passé, l'image d'une ville heureuse, des reflets de persiennes vertes, de jardins bien ratissés et de miliciens en tuniques neuves faisant l'exercice tout le long du quai.

Gardez-vous de croire pourtant que Tarascon n'ait rien fait pendant la guerre. Il s'est au contraire admirablement conduit, et sa résistance héroïque, que je vais essayer de vous raconter, aura sa place dans l'histoire comme type de résistance locale, symbole vivant de la défense du Midi.

LES ORPHÉONS

Je vous dirai donc que, jusqu'à Sedan, nos braves Tarasconnais s'étaient tenus chez eux bien tranquilles.

Pour ces fiers enfants des Alpilles, ce n'était pas la patrie qui mourait là-haut; c'étaient les soldats de l'empereur, c'était l'Empire. Mais une fois le 4 septembre, la République, Attila, campé sous Paris, alors oui ! Tarascon se réveilla, et l'on vit ce que c'est qu'une guerre nationale...

Cela commença naturellement par une manifestation d'orphéonistes.

Vous savez quelle rage de musique ils ont dans le Midi.

A Tarascon surtout, c'est du délire. Dans les rues, quand vous passez, toutes les fenêtres chantent, tous les balcons vous secouent des romances sur la tête.

N'importe la boutique où vous entrez, il y a toujours au comptoir une guitare qui soupire, et les garçons de pharmacie eux-mêmes vous servent en fredonnant : *Le Rossignol — et le Luth espagnol — Tralala — lalalala.*

En dehors de ces concerts privés, les Tarasconnais ont encore la fanfare de la ville, la fanfare du collège et je ne sais combien de sociétés d'orphéons.

C'est l'orphéon de Saint-Christophe et son admirable chœur à trois voix : *Sauvons la France*, qui donnèrent le branle au mouvement national.

« Oui, oui, sauvons la France ! » criait le bon Tarascon en agitant des mouchoirs aux fenêtres.

Et les hommes battaient des mains, et les femmes envoyaient des baisers à l'harmonieuse phalange qui traversait le cours sur quatre rangs de profondeur, bannière en tête et marquant fièrement le pas.

L'élan était donné. A partir de ce jour, la ville changea d'aspect : plus de guitare, plus de barcarolle. Partout le luth espagnol fit place à la *Marseillaise*, et, deux fois par semaine, on s'étouffait sur l'Esplanade pour entendre la fanfare du collège jouer le *Chant du départ.* Les chaises coûtaient des prix fous !...

Mais les Tarasconnais ne s'en tinrent pas là.

LES CAVALCADES

Après la démonstration des orphéons, vinrent les cavalcades historiques au bénéfice des blessés. Rien de gracieux comme de voir, par un dimanche de beau soleil, toute cette vaillante jeunesse tarasconnaise, en bottes molles et collants de couleur tendre, quêter de porte en porte et caracoler sous les balcons avec de grandes hallebardes et des filets à papillons ; mais le plus beau de tout, ce fut un carrousel patriotique, — François Ier à la bataille de Pavie, — que ces messieurs du cercle donnèrent trois jours de suite sur l'Esplanade. Qui n'a pas vu cela n'a jamais rien vu. Le théâtre de Marseille avait prêté les costumes ; l'or, la soie, le velours, les étendards brodés, les écus d'armes, les cimiers, les caparaçons, les rubans, les nœuds, les bouffettes, les fers de lance, les cuirasses faisaient flamber et papilloter l'Esplanade comme un miroir aux alouettes. Par là-dessus, un grand coup de mistral qui secouait toute cette lumière. C'était quelque chose de magnifique. Malheureusement, lorsque, après une lutte acharnée, François Ier, — M. Bompard, le gérant du cercle, — se voyait entouré par un gros de reitres, l'infortuné Bompard avait, pour rendre son épée, un geste d'épaules si énigmatique, qu'au lieu de « tout est perdu fors l'honneur », il avait plutôt l'air de dire : ***Digo-li que vengue, moun bon !*** mais les Tarasconnais n'y regardaient pas de si près, et des larmes patriotiques étincelaient dans tous les yeux.

LA TROUÉE

Ces spectacles, ces chants, le soleil, le grand air du Rhône, il n'en fallait pas plus pour monter les têtes.

Les affiches du Gouvernement mirent le comble à l'exaltation.

Sur l'Esplanade, les gens ne s'abordaient plus que d'un air menaçant, les dents serrées, mâchant leurs mots comme des balles.

Les conversations sentaient la poudre. Il y avait du salpêtre dans l'air.

C'est surtout au café de la Comédie, le matin en déjeunant, qu'il fallait les entendre, ces bouillants Tarasconnais :

« Ah çà ! qu'est-ce qu'ils font donc, les Parisiens, avec leur tron de Dieu de général Trochu ? Ils n'en finissent pas de sortir... Coquin de bon sort ! Si c'était Tarascon !... Trrr !... Il y a longtemps qu'on l'aurait faite la trouée ! »

Et pendant que Paris s'étranglait avec son pain d'avoine, ces messieurs vous avalaient de succulentes bartavelles arrosées de bon vin des Papes, et luisants, bien repus, de la sauce jusqu'aux oreilles, ils criaient comme des sourds en tapant sur la table :

« Mais faites-la donc votre trouée... » et qu'ils avaient, ma foi, bien raison !

LA DÉFENSE DU CERCLE

Cependant l'invasion des barbares gagnait au sud de jour en jour.

Dijon rendu, Lyon menacé, déjà les herbes parfumées de la vallée du Rhône faisaient hennir d'envie les cavales des uhlans.

« Organisons notre défense ! » se dirent les Tarasconnais, et tout le monde se mit à l'œuvre.

En un tour de main, la ville fut blindée, barricadée, casematée.

Chaque maison devint une forteresse.

Chez l'armurier Costecalde, il y avait devant le magasin une tranchée d'au moins deux mètres, avec un pont-levis, quelque chose de charmant.

Au cercle, les travaux de défense étaient si considérables qu'on allait les voir par curiosité.

M. Bompard, le gérant, se tenait en haut de l'escalier, le chassepot à la main, et donnait des explications aux dames :

« S'ils arrivent par ici, pan ! pan !.. Si au contraire ils montent par là, pan ! pan !... »

Et puis, à tous les coins de rues, des

gens qui vous arrêtaient pour vous dire d'un air mystérieux :

« Le Café de la Comédie est imprenable », ou bien encore : « On vient de torpiller l'Esplanade !... »

Il y avait de quoi faire réfléchir les barbares !

LES FRANCS-TIREURS

En même temps, des compagnies de francs-tireurs s'organisaient avec frénésie : ***Frères de la mort***, ***Chacals du Narbonnais***, ***Espingoliers du Rhône***, il y en avait de tous les noms, de toutes les couleurs, comme des centaurées dans un champ d'avoine ; et des panaches, des plumes de coq, des chapeaux gigantesques, des ceintures d'une largeur!...

Pour se donner l'air plus terrible, chaque franc-tireur laissait pousser sa barbe et ses moustaches, si bien qu'à la promenade le monde ne se connaissait plus.

De loin vous voyiez un brigand des Abruzzes qui venait sur vous la moustache en croc, les yeux flamboyants, avec un tremblement de sabres, de revolvers, de yatagans ; et puis quand on s'approchait, c'était le receveur Pégoulade.

D'autres fois, vous rencontriez dans l'escalier Robinson Crusoé lui-même avec son chapeau pointu, son coutelas en dents de scie, un fusil sur chaque épaule ; au bout du compte, c'était l'armurier Costecalde qui rentrait de dîner en ville.

Le diable, c'est qu'à force de se donner des allures féroces, les Tarasconnais finirent par se terrifier les uns les autres, et bientôt personne n'osa plus sortir.

LAPINS DE GARENNE ET LAPINS DE CHOUX

Le décret de Bordeaux sur l'organisation des gardes nationales mit fin à cette situation intolérable. Au souffle puissant des triumvirs, prrrt ! les plumes de coq s'envolèrent, et tous les francs-tireurs de Tarascon — Chacals, Espingoliers et autres —

vinrent se fondre en un bataillon d'honnêtes miliciens, sous les ordres du brave général Bravida, ancien capitaine d'habillement. Ici, nouvelles complications. Le décret de Bordeaux faisait, comme on sait, deux catégories dans la garde nationale : les gardes nationaux de marche et les gardes nationaux sédentaires ; « lapins de garenne et lapins de choux », disait assez drôlement le receveur Pégoulade. Au début de la formation, les gardes nationaux de garenne avaient naturellement le beau rôle. Tous les matins, le brave général Bravida les menait sur l'Esplanade faire l'exercice à feu, l'école de tirailleurs. — Couchez-vous ! levez-vous ! et ce qui s'ensuit. Ces petites guerres attiraient toujours beaucoup de monde. Les dames de Tarascon n'en manquaient pas une, et même les dames de Beaucaire passaient quelquefois le pont pour venir admirer nos lapins. Pendant ce temps, les pauvres gardes nationaux de choux faisaient modestement le service de la ville et montaient la garde devant le musée, où il n'y avait rien à garder qu'un gros lézard empaillé avec de la mousse et deux fauconneaux du temps du bon roi René. Pensez que les dames de Beaucaire ne passaient pas le pont pour si peu !... Pourtant, après trois mois d'exercice à feu, lorsqu'on s'aperçut que les gardes nationaux de garenne ne bougeaient toujours pas de l'Esplanade, l'enthousiasme commença à se refroidir.

Le brave général Bravida avait beau crier à ses lapins : « Couchez-vous ! levez-vous ! » personne ne les regardait plus. Bientôt ces petites guerres furent la fable de la ville. Dieu sait cependant que ce n'était pas leur faute à ces malheureux lapins si on ne les faisait pas partir ! Ils en étaient assez furieux. Un jour même ils refusèrent de faire l'exercice.

« Plus de parade! crient-ils en leur zèle patriotique; nous sommes de marche; qu'on nous fasse marcher !

— Vous marcherez, ou j'y perdrai mon nom ! » leur dit le brave général Bravida ; et, tout bouffant de colère, il alla demander des explications à la mairie.

La mairie répondit qu'elle n'avait pas d'ordre et que cela regardait la préfecture.

« Va pour la préfecture ! » fit Bravida ; et le voilà parti sur l'express de Marseille à la recherche du préfet, ce qui n'était pas une petite affaire, attendu qu'à Marseille il y avait toujours cinq ou six préfets en permanence, et personne pour vous dire quel était le bon. Par une fortune singulière, Bravida lui mit la main dessus tout de suite, et c'est en plein conseil de préfecture que le brave général porta la parole au nom de ses hommes, avec l'autorité d'un ancien capitaine d'habillement.

Dès les premiers mots, le préfet l'interrompit :

« Pardon, général... Comment se fait-il qu'à vous vos soldats vous demandent de partir, et qu'à moi ils me demandent de rester ?... Lisez plutôt. »

Et, le sourire aux lèvres, il lui tendit une pétition larmoyante, que deux lapins de garenne — les deux plus enragés pour marcher — venaient d'adresser à la préfecture avec apostilles du médecin, du curé, du notaire, et dans laquelle ils demandaient à passer aux lapins de choux pour cause d'infirmités.

« J'en ai plus de trois cents comme cela, ajouta le préfet toujours en souriant. Vous comprenez maintenant, général, pourquoi nous ne sommes pas pressés de faire marcher vos hommes. On en a malheureusement trop fait partir de ceux qui voulaient rester. Il n'en faut plus... Sur ce, Dieu sauve la République, et bien le bonjour à vos lapins ! »

LE PUNCH D'ADIEU

Pas besoin de dire si le général était penaud en retournant à Tarascon. Mais voici une autre histoire. Est-ce qu'en son absence les Tarasconnais ne s'étaient pas avisés d'organiser un punch d'adieu par souscription pour les lapins qui allaient partir!

Le brave général Bravida eut beau dire que ce n'était pas la peine, que personne ne partirait, le punch était souscrit, commandé ; il ne restait plus qu'à le boire, et c'est ce qu'on fit... Donc, un dimanche soir, cette touchante cérémonie du punch d'adieu eut lieu dans les salons de la mairie, et, jusqu'au petit jour blanc, les toasts, les vivats, les discours, les chants patriotiques, firent trembler les vitres municipales. Chacun, bien entendu, savait à quoi s'en tenir sur ce punch d'adieu ; les gardes nationaux de choux qui le payaient avaient la ferme conviction que leurs camarades ne partiraient pas, et ceux de garenne qui le buvaient avaient aussi cette conviction, et le vénérable adjoint, qui vint, d'une voix émue, jurer à tous ces braves qu'il était prêt à marcher à leur tête, savait mieux que personne qu'on ne marcherait pas du tout ; mais c'est égal! Ces méridionaux sont si extraordinaires, qu'à la fin du punch d'adieu tout le monde pleurait, tout le monde s'embrassait, et, ce qu'il y a de plus fort, tout le monde était sincère, même le général!...

A Tarascon, comme dans tout le midi de la France, j'ai souvent observé cet effet de mirage.

TABLE

14501. — Imprimerie A Lahure, 9, rue de Fleurus, à Paris.

Daudet, Alphonse

La défense de Tarascon

Conquet

1886

www.ingramcontent.com/pod-product-compliance
Ingram Content Group UK Ltd.
Pitfield, Milton Keynes, MK11 3LW, UK
UKHW032001260826
14628UKWH00005B/2216

9 782019 703011